AF312668

DES
BANQUES AGRICOLES

ÉTUDE SUR LES PRINCIPES

QUI DOIVENT SERVIR DE BASE

A LEUR ORGANISATION,

Par un ancien Élève de l'École spéciale de Commerce et d'Industrie.

Une Banque qui serait parvenue à se faire une réputation
d'INFAILLIBILITÉ, n'aurait pas besoin de CAPITAL.

Pour ne jamais finir, une Banque doit toujours être prête
à finir.   (Comte Mollien.)

TOULOUSE,

Imprimerie Troyes Ouvriers Réunis, rue St-Pantaléon, 3,
Hôtel Laromiguière.

1861.

DES

BANQUES AGRICOLES.

DES
BANQUES AGRICOLES

ÉTUDE SUR LES PRINCIPES

QUI DOIVENT SERVIR DE BASE

A LEUR ORGANISATION,

Par un ancien Élève de l'École spéciale
de Commerce et d'Industrie.

Une Banque qui serait parvenue à se faire une réputation
D'INFAILLIBILITÉ, n'aurait pas besoin de CAPITAL

Pour ne jamais finir, une Banque doit toujours être prête
à finir.   (Comte MOLLIEN).

TOULOUSE,

Imprimerie Troyes Ouvriers Réunis, rue St-Pantaléon, 3.
Hôtel Laromiguière.

1864.

AVANT-PROPOS.

Jusqu'à ce jour, les institutions de Crédit, en France du moins, ont été organisées dans le but de multiplier les capitaux de circulation indispensables au commerce et à l'industrie. A part la société du Crédit Foncier, dont nous aurons à parler plus tard, l'agriculture et la propriété foncière ne possèdent aucune institution de crédit qui ressemble, de près ou de loin, à celle de la Banque de France.

Pourquoi les propriétaires du sol, pourquoi les agriculteurs sont-ils restés privés des ressorts puissants du crédit? Pourquoi les entendons-nous se plaindre des difficultés qu'ils éprouvent à contracter un emprunt même sur des valeurs immobilières libres de toute hypothèque ?

C'est, à notre avis, que les capitaux cherchent de préférence un placement facilement réalisable ; c'est encore parce que le législateur a dû employer vis-à-vis du commerçant et de l'industriel (qui n'offrent souvent que leur moralité en gage du capital prêté) des moyens rapides de coërcition, tandis que la lenteur des poursuites exercées contre un propriétaire emprunteur par hypothèque, empêche le prêteur non-seulement de retirer rapidement son capital, mais encore d'en percevoir les intérêts trop souvent arriérés. Nous aurons, au reste, à signaler d'autres causes qui font préférer le placement des capitaux sur des valeurs plus facilement réalisables, telles que rentes sur l'Etat, actions et obligations de chemins de fer, etc., etc. Il nous suffit, pour le moment, de constater ce fait essentiel

que le commerce et l'industrie ont su créer, pour leur usage
spécial, des institutions de crédit qui manquent absolument à la
propriété foncière.

Si ces institutions de crédit, en multipliant les capitaux de
circulation, rendent des services incontestables aux commerçants
et aux industriels, pourquoi n'en existerait-il pas en faveur des
propriétaires du sol et des agriculteurs ?

Pour nous, la réponse ne saurait être douteuse : nous disons
hautement : oui, une institution de crédit appropriée aux besoins
de l'agriculture et de la propriété foncière, est possible et aussi
légitime que celle qui a été organisée pour l'industrie et le commerce sous le nom de *Banque de France*. Nous ajoutons : sa
fondation est aujourd'hui d'une impérieuse nécessité.

En comparant les rapports des commerçants et des industriels avec leurs banquiers, et la Banque de France, et les rapports des propriétaires fonciers et des agriculteurs avec les capitalistes, on est frappé des facilités que les premiers trouvent
à se procurer le capital de circulation. Cependant ils n'offrent en
gage qu'une responsabilité toute morale, puisqu'ils obtiennent
ce capital au moyen de leur simple signature, ou de deux et trois
signatures s'ils ont affaire à un banquier ou à la Banque de France.
— Les seconds, au contraire, lorsqu'ils veulent emprunter,
éprouvent des embarras et des retards de toute nature, et cependant ils donnent en gage des immeubles qui ont une valeur
triple de la somme empruntée.

Dans le premier cas, la lettre de change qui fait l'objet du
prêt, est le plus souvent remise par le prêteur à des tiers qui
peuvent eux-mêmes la faire *circuler* jusqu'au jour de l'échéance.

Dans le second cas, le titre notarié est à peu près immobilisé.

Enfin les commerçants et les industriels, sauf de rares exceptions, obtiennent le prêt *à un taux inférieur à leurs bénéfices*,
tandis que les propriétaires fonciers et les agriculteurs sont obligés de payer l'intérêt à un taux presque toujours *supérieur au
revenu de l'immeuble*.

On peut objecter que certains commerçants ne gagnent pas
plus de deux et trois pour cent. L'objection tombe devant cette

raison que dans ce cas le commerçant n'est qu'*intermédiaire* et non *producteur* ; mais cet intermédiaire renouvelle ses transsactions plusieurs fois dans le courant de l'année, et s'il les renouvelle seulement quatre fois, ce qui n'est pas rare, il retire jusqu'à douze pour cent du capital engagé. Toujours est-il qu'*en général* le taux de l'argent est pour le manufacturier et le commerçant au *dessous* des bénéfices courants qu'il réalise.

Le propriétaire, au contraire, emprunte au taux légal de cinq pour cent sur hypothèque, non compris les frais d'acte notarié, d'enregistrement, d'inscription hypothécaire, etc., etc. Son revenu moyen, pour ne pas dire son plus fort revenu, est de trois pour cent. Que la récolte lui manque pendant une ou deux années, et l'emprunt devient la seule ressource qui lui permette de vivre, de continuer l'exploitation de sa propriété, de payer les impôts, etc. ; de façon que le propriétaire d'un domaine de cent mille francs est ruiné le jour où sa propriété est grevée du quart de sa valeur. En effet, en supposant une bonne récolte, il peut réaliser la somme nette de   3,000 fr. de laquelle il faut déduire l'intérêt de 25,000 fr. empruntés à raison de 5 pour cent. Soit.   1,250

Il lui reste. . . . . 1,750 fr.

Il est évident qu'il emploie un peu plus que les deux cinquièmes de son revenu pour payer l'intérêt de la somme représentant le quart de la propriété. Si ce propriétaire n'a pas une industrie, il lui est impossible avec ce revenu de 1,750 fr. net de suffire au paiement des ouvriers pour la campagne suivante, à l'éducation de ses enfants, à l'amélioration de ses terres et à plus forte raison de songer à l'amortissement de sa dette.

Nous ne sommes pas de ceux qui pensent que la propriété foncière ne peut pas rapporter plus qu'elle ne produit aujourd'hui. Certes, nous croyons que la terre ne demande qu'à être travaillée avec intelligence : la science et la mécanique viennent chaque jour lui offrir leur concours à la condition qu'elle paiera leurs services ; mais comment payer ces services ? La propriété tend à être dévorée par l'hypothèque, et la *spécula-*

tion associée, ne tardera pas à l'envelopper dans ses filets. La propriété a donc besoin de développer, à son profit, l'esprit d'association, qui a été un si puissant levier pour l'industrie. N'est-ce pas à cet esprit d'association que nous devons les chemins de fer, les grandes usines manufacturières, et surtout les institutions de crédit pour le commerce et l'industrie qu'elles ont fécondés en multipliant les capitaux de circulation (1). Ce même esprit d'association descendra dans l'intelligence du propriétaire avant que sa ruine soit complète. Le propriétaire est mis en demeure par le besoin ; soyez certain que l'étincelle fera bientôt jaillir la flamme.

Les besoins matériels deviennent de plus en plus pressants : chacun veut posséder le plus qu'il peut et se donner la plus grande somme possible de jouissances. — Notre but n'est pas de discuter si c'est un bien, si c'est un mal. Nous constatons un fait que personne ne peut nier. Ce fait accepté, nous demandons à la science ses procédés, à la mécanique ses forces. La science ne se contente pas de présenter avec largesse ses services pour la plus grande production du sol, elle nous offre encore son tribut au point de vue des idées d'économie financière. Elle possède des moyens pour augmenter la circulation des capitaux, la Banque de France en est la preuve : elle peut, elle doit prêter appui à la masse des propriétaires. Pourquoi ces derniers resteraient-ils déshérités des procédés qui doivent rendre la vie à la première de toutes les industries, l'agriculture ?

N'est-ce pas le sol qui paie l'impôt foncier, l'impôt mobilier, les impôts de consommation, la nourriture, le logement, le vêtement et jusqu'aux jouissances de tous, de tous sans exception ? Si je suis producteur d'un outil aratoire, par exemple, le prix que je fixe pour la vente comprend nécessairement la matière première, le travail de l'ouvrier (dont la valeur doit comprendre

---

(1) En 1856, avec 91,000,000 fr. de capital, la Banque de France a pu élever les transactions simplement relatives à l'escompte à 4,000,000,000 fr. et l'ensemble de ses transactions à 5,800,000,000 fr.

vêtement, logement, nourriture) puis mes frais de nourriture, vêtements, location d'atelier, intérêts des capitaux, patente et mon intelligence ou mon travail manuel, etc., en un mot, *le sol paie avec ses produits les dépenses de toute nature pour tous* et par la faculté incessante qu'il a de produire tout ce qui se consomme, on peut dire qu'il est le **CAPITAL MÈRE** d'où sortent toutes les valeurs isolées ou accumulées, désignées par les économistes sous le nom de *capitaux*.

Il nous est donc légitimement permis de considérer le *sol* comme source de tous les *capitaux* et par conséquent comme le plus vrai et le plus solide de tous.

Si le sol est le premier de tous les capitaux, puisqu'il est la source unique de toutes les valeurs matérielles, n'est-il pas un gage plus sûr, plus solide, plus infaillible que le gage *monnaie* qui n'est qu'une partie de ce tout, la terre? Nous ne pensons pas qu'on puisse contredire cette assertion qui pour nous est passée à l'état d'axiôme.

La Banque de France, composée d'actionnaires, a trouvé le moyen de faire accepter et circuler comme monnaie des billets payables à vue, au porteur, et représentés par une pareille somme de billets à 3 signatures reconnues valables et payables à des échéances fixes qui ne peuvent jamais dépasser 90 jours, de façon que ces derniers billets sont la garantie des premiers, garantie à laquelle vient s'ajouter le capital des actionnaires pour parer aux pertes possibles occasionnées par la faillite des souscripteurs de billets admis à l'escompte. Ce cas est excessivement rare : nous verrons bientôt pourquoi.

Donc, si de simples billets payables à vue, au porteur et n'ayant qu'un GAGE INCERTAIN et FAILLIBLE sont acceptés comme monnaie, quoique n'ayant pas cours forcé, il est possible, *à fortiori*, de *mobiliser* UNE PARTIE D'UN GAGE CERTAIN ET INFAILLIBLE. Ce *gage certain* et *infaillible*, c'est le SOL. C'est sur le SOL que doivent être hypothéqués les billets d'une Banque agricole. Nous nous proposons dans cette étude de rechercher et d'indiquer les principes et les moyens pratiques pour la fondation d'une institution de crédit spécialement affectée à la propriété foncière et à l'agriculture.

Avant d'aborder cette question si délicate, qu'il nous soit permis d'examiner la Banque de France dans ses procédés; nous n'avons pas l'intention de faire l'historique de cette excellente institution de crédit; ce que nous avons à étudier, c'est son organisation, c'est-à-dire son mécanisme et ses moyens, c'est l'application de tout ou partie de ses procédés à la création d'une *Banque Agricole*.

Nous avons dû nous étendre longuement et nous soumettre à de très-nombreuses répétitions sur l'organisation de la Banque de France, car cette organisation est, à nos yeux, un type parfait d'institution de crédit. Nous avons toutefois cru devoir employer le plus souvent la forme critique, parce qu'en faisant connaître les ingénieuses fictions indispensables au fonctionnement d'une Banque industrielle qui rend des services considérables en multipliant les capitaux de circulation, nous trouvions des arguments en faveur d'une institution de crédit agicole agissant sans faire usage de ces fictions.

LA BANQUE DE FRANCE

ET SON ORGANISATION.

La Banque de France est formée d'une association de capitalistes, possédant avant 1857 (1) un capital de 91,250,000 fr., divisé en 91,250 actions de 1,000 fr. chacune. La Banque de France a le siège central de ses opérations à Paris ; elle possède 39 succursales et peut en établir dans tous les centres de commerce ou d'industrie où elle juge ses services nécessaires, mais avec l'autorisation du Gouvernement.

Son capital peut être, *en partie*, placé en rentes sur l'Etat, dont le Gouvernement lui paie les arrérages. Notons, en passant, que, dans ce dernier cas, les actionnaires perçoivent une partie de l'intérêt de leur capital, en outre des bénéfices réalisés au moyen des billets que la Banque met en circulation.

Elle a pour but d'escompter les effets de commerce revêtus de trois signatures reconnues valables par un comité d'escompte, et dont l'échéance ne peut dépasser trois mois.

Elle fait des avances sur dépôt de titres de rentes sur l'Etat, d'actions et d'obligations de chemins de fer français, de lingots d'or et d'argent et de valeurs industrielles.

Elle reçoit en compte-courant les sommes qui sont déposées dans ses caisses, mais elle les reçoit à titre gratuit.

Ces diverses opérations ne peuvent être faites avec son capital *réel*, puisque ce capital a dû être placé en rentes sur l'Etat, ou

---

(1) Cette Étude a été écrite en 1857 ; depuis cette époque, le capital de la Banque a été doublé ; — elle a également établi de nouvelles succursales.

déposé en espèces dans ses caves. Elle a donc été autorisée par privilége exclusif à fabriquer des billets payables à vue, au porteur, dont la somme a été élevée jusqu'à 525 millions par la loi du 22 décembre 1849. C'est avec ce papier-monnaie qu'elle opère toutes les transactions qui font l'objet de ses statuts.

Elle peut élever ou abaisser, selon les circonstances, le taux de l'escompte, et réduire la limite du terme au-dessous de 90 jours.

Voilà sommairement le but de la Banque de France et les moyens employés pour le réaliser.

Nous sommes loin de nous insurger contre ce privilége exorbitant accordé aux actionnaires de posséder un *capital fixe* de 91,250,000 fr., dont ils retirent l'intérêt au moins pour une partie, et un capital de circulation (qui ne leur coûte que les frais de papier et d'impression) plus que quintuple de celui qu'ils ont en propriété. Nous comprenons trop la nécessité de la circulation d'un capital en rapport avec les besoins du commerce et de l'industrie pour que nous puissions blâmer ces moyens simples et commodes de faciliter le commerce et l'industrie dans leurs transactions ; mais il nous sera permis d'examiner si le prix exigé par la Banque de France est en rapport avec les services qu'elle est appelée à rendre.

Le *Moniteur* du 29 janvier 1857 contient une note adressée, le 29 mai 1810, à la Banque de France, par l'ordre de S. M. l'Empereur Napoléon 1er et par l'entremise du comte Mollien. Nous citons textuellement quelques fragments de cette note.

Après avoir rappelé la fixation du capital de la Banque par les lois de l'an VIII, de l'an XI et de 1806, la note ajoute :

« La destination de ce capital n'a pas été de donner à la Banque
» les moyens propres d'exploiter son privilége ; ce capital n'est pas
» l'instrument de ses escomptes, car ce n'est pas avec son capital
» qu'elle peut escompter. Son privilége consiste *à créer*, *à fabri-*
» *quer une monnaie particulière pour ses escomptes.*

» Si une Banque employait son capital à ses escomptes, elle n'au-
» rait pas besoin de privilége ; elle serait dans la condition com-
» mune de tous les escompteurs, mais elle ne pourrait pas soutenir
» leur concurrence ; car, d'un côté, elle fait nécessairement plus
» de dépenses pour escompter, et de l'autre, elle doit faire moins
» de profits sur chaque escompte, *puisqu'elle escompte à un taux*
» *plus modéré.*

» C'est INDÉPENDAMMENT DE SON CAPITAL qu'elle crée par ses billets
» son véritable et unique moyen d'escompte.

» Son capital est et doit donc rester étranger à ses opérations
» d'escompte. La formation de ce capital est un acte préliminaire
» aussi distinct de l'activité d'une Banque, comme machine privilé-
» giée d'escompte, que la prestation du CAUTIONNEMENT d'un comp-
» table est distincte de sa gestion proprement dite.

» La condition de fournir un capital n'est imposée aux entrepre-
» neurs d'une Banque que pour assurer à ceux qui admettent ses
» billets comme la *monnaie réelle*, un GAGE et une GARANTIE con-
» tre les erreurs, les imprudences que cette Banque pourrait com-
» mettre dans l'emploi de ses billets ; contre les pertes qu'elle essuie-
» rait si elle avait admis des valeurs douteuses à ses escomptes ; en
» un mot (pour employer l'expression technique du commerce)
» contre les AVARIES de son portefeuille.

» Une Banque n'émettant pas et ne pouvant émettre des billets
» qu'en échange de bonnes et valables lettres de change, *à deux*
» *et à trois mois de terme* au plus, elle doit avoir constamment
» dans son portefeuille, en telles lettres de change, une somme
» au moins égale aux billets qu'elle a émis ; elle est donc en situa-
» tion de retirer TOUS SES BILLETS de la circulation dans un espace de
» TROIS MOIS par le seul effet de l'échéance successive de ses billets,
» sans avoir entamé AUCUNE PARTIE DE SON CAPITAL.

» Ainsi, après avoir établi que le capital d'une Banque n'inter-
» vient pas dans ses escomptes comme MOYEN DIRECT, on peut ajou-
» ter qu'il n'intervient pas plus dans sa LIQUIDATION, si elle n'a fait
» que des escomptes réguliers, c'est-à-dire si elle n'a émis des billets
» qu'en échange de lettres de change VÉRITABLES, NÉCESSAIRES, repré-
» sentées par des *marchandises que le revenu des consommateurs*
» *paiera, si c'est le besoin de la consommation qui les a appe-*
» *lées.*

» Le capital fourni par les actionnaires d'une Banque n'étant, à
» proprement parler, qu'une espèce de *cautionnement* qu'ils don-
» nent au public, on pourrait presque dire qu'une Banque qui se-
» rait parvenue à se faire une réputation D'INFAILLIBILITÉ *n'aurait*
» *pas même besoin de capital* pour exploiter son privilége, c'est-
» à-dire, pour escompter, avec les billets fabriqués par elle les
» lettres de change qui lui seraient apportées par le commerce…»

La note cite ici la Banque de Londres, fondée en 1692, avec un capital de 24 millions, capital qu'elle prêta immédiatement au trésor royal de Guillaume III. La note ajoute que l'opération de l'escompte par une Banque est si délicate et si capitale, qu'elle n'admet le mélange d'aucune autre sollicitude, et que ceux qui dirigent les escomptes étant les juges du commerce, ne doivent pas descendre dans l'arène des commerçants. Mais reprenons la citation de cette note remarquable dont la suite ne peut être analysée.

« Pour qu'ils (ceux qui dirigent les escomptes des Banques)
» jugent avec impartialité tous les actes des négociants, il faut qu'ils
» puissent s'abstenir d'y prendre une part active, même pour l'ad-
» ministration du capital de la Banque, et rien n'est plus inconci-
» liable avec le haut arbitrage qu'ils exercent par l'escompte que
» cette recherche des profits qui accompagnent les placements tem-
» poraires.

» Si donc il a pu convenir aux finances de Guillaume III, que
» la Banque qu'il établissait lui prêtât à un intérêt, modique alors
» (6 0/0), le capital ou le *cautionnement* fourni par ses action-
» naires, il ne convenait pas moins à la Banque de Londres de le
» faire ; et ce premier acte, par quelque motif qu'il ait été inspiré,
» a peut-être eu une assez grande influence sur la BONNE DIRECTION
» qu'elle a suivie PENDANT AU MOINS UN SIÈCLE.

» La Banque de Londres, dès son origine, n'a plus connu qu'un
» seul devoir, qu'un intérêt, celui de bien diriger son ESCOMPTE
» DIRECT, qu'elle a constamment circonscrit dans la seule ville de
» Londres, d'*autres Banques* S'ÉTANT SUCCESSIVEMENT ÉLEVÉES DANS
» LES AUTRES COMTÉS POUR L'ESCOMPTE LOCAL DE CES COMTÉS.

» Si la Banque de France est appelée à donner une plus grande
» extension *à ses escomptes directs*, à établir pour son compte des
» comptoirs dans toutes les villes de l'Empire qui peuvent produire
» une bonne *matière escomptable*, c'est assurément un motif de
» plus pour qu'elle s'épargne le surcroît de sollicitude que pour-
» rait lui donner l'administration journalière de son capital, qu'elle
» écarte de ses actionnaires la pensée que ce capital pourrait, par
» la VARIATION DE SES PLACEMENTS, être jeté dans un mouvement
» en quelque sorte *aléatoire*, qu'elle écarte des *porteurs de ses*
» *billets, dont le suffrage demande bien plus de ménagements*
» *encore que celui des actionnaires* (c'est-à-dire du public tout entier

» qui admet comme RÉELLE la MONNAIE QU'ELLE FABRIQUE), l'opi-
» nion que l'espèce de CAUTIONNEMENT qui réside dans ce capital,
» comme GAGE SUPPLÉTIF du portefeuille de la Banque, comme
» moyen d'indemnité des AVARIES que le portefeuille de la Banque
» peut essuyer par les vices de l'escompte, pourrait lui-même
» éprouver quelques avaries.

» Le capital d'une Banque doit, par la forme de son placement,
» rester en quelque sorte, toujours IMMUABLE, pour que sa
» consistance ne soit jamais soupçonnée d'altération ; il doit en
» même temps rester dans un état immédiatement DISPONIBLE,
» puisqu'il doit être toujours prêt à couvrir les pertes du porte-
» feuille. — Une partie de ce capital doit former une réserve en
» ESPÈCES ; cette partie est improductive d'intérêts. Le meilleur em-
» ploi qui puisse être fait du reste semble être la conversion en
» EFFETS DE LA DETTE PUBLIQUE du pays, négociables sur place,
» puisque ce placement joint à l'avantage d'assurer un intérêt favo-
» rable et régulièrement payé, celui de la DISPONIBILITÉ LIBRE, si le
» besoin de la Banque l'exigeait ; et quoique ce dernier cas ne
» puisse jamais arriver dans une Banque qui n'a livré ses billets
» qu'en échange de la BONNE MATIÈRE ESCOMPTABLE, la prudence
» oblige toutefois de le prévoir.

» Il faut qu'une Banque se maintienne en état de se liquider à
» tout moment, d'abord vis-à-vis des porteurs de ses billets, par la
» réalisation de son portefeuille, et après les porteurs de ses billets,
» vis-à-vis de ses actionnaires, par la distribution à faire entre
» eux de la portion du capital fourni par chacun d'eux. — *Pour*
» *ne jamais finir, une Banque doit être toujours prête à*
» *finir.* »

Cette note est l'exposé le plus net, et le plus précis du mécanisme et de la théorie sur lesquels repose la Banque de France.

Nous l'avons déjà dit : Il n'est pas dans notre pensée de nier les
immenses services que la Banque de France a rendus, rend encore
et rendra au commerce. Le seul fait de son capital triplé, quadru-
plé et même quintuplé, facilite les transactions en assimilant son
papier monnaie à la monnaie métallique. Mais il est permis d'examiner si en compensation du privilége de battre monnaie, elle rend
tous les services qu'on a droit d'attendre d'elle, et si elle ne les fait
pas payer trop cher.

En effet, la Banque de France a le droit d'élever et de diminuer
le taux de l'escompte, sous prétexte d'éloigner la trop grande quantité d'effets de commerce présentés à l'escompte, dans les moments
de crise commerciale. Mais le conseil d'escompte est seul juge d'accepter ou de refuser les valeurs présentées, et il a par conséquent
le droit de proportionner ses prêts ou ses avances à l'encaisse de
billets *sans être obligé d'augmenter l'intérêt*. Et de quel droit,
après tout, la Banque de France jouit-elle de la faculté d'élever
ou d'abaisser le taux de l'escompte vis-à-vis du commerce et de
l'industrie qui lui apportent des effets de commerce à trois signatures,
que le conseil d'escompte peut accepter ou refuser ? C'est, répon-
drez-vous, par le droit que lui donnent ses statuts. Mais ce droit est-
il toujours et dans tous les cas légitime ? Elle ne doit et ne peut,
à notre sens, en user qu'avec une extrême modération. — Ainsi
on peut tout au plus justifier l'élévation du taux de l'escompte lorsque les Banques des nations en rapport avec la France sont obligées
d'avoir recours à ce moyen à la suite de crises financières causées
par l'exportation du numéraire. C'est, en effet, ce qui est arrivé,
et la solidarité de la France et de l'Angleterre, dans leurs rapports
commerciaux et financiers, oblige ces deux nations sinon à niveler,
du moins à proportionner le taux de l'escompte de leurs grandes
institutions de crédit. Mais il est bon de constater que *l'exportation
du numéraire* ou des métaux précieux servant au numéraire, est
la cause essentielle qui peut, jusqu'à un certain point, justifier
cette mesure, dont les conséquences peuvent être souvent fatales
aux maisons de commerce assises sur des bases les plus solides. Il
nous semble donc que tant que la monnaie métallique sera le signe
d'échange *unique* dans une nation, et qu'en définitive son papier
monnaie sera *obligatoirement* remboursable en espèces, le mécanisme des Banques ainsi constituées tournera dans un cercle vicieux.
— Les crises se multiplieront même d'autant plus que la circulation des billets prendra plus d'extension, et cependant si on exa-
mine avec attention le principe réel sur lequel repose cette institution de crédit, on voit que l'émission du papier monnaie de la Banque
est *nécessairement inférieure* à la somme des effets de commerce et
des titres laissés en *garantie* dans le portefeuille de la Banque. En
effet la Banque, en escomptant les billets de commerce, a retenu le
prix de l'escompte, et en faisant des avances sur des actions et obli-

gations, elle n'a jamais atteint le chiffre de la valeur vénale de ces titres, ces valeurs étant aléatoires; il en est de même pour les avances qu'elle fait contre le dépôt de rentes sur l'Etat.

Si la Banque de France exerce sur la matière escomptable un contrôle *souverain* et sans appel, et qu'elle exige trois signatures reconnues solvables par son comité d'escompte, si les titres sur le dépôt desquels elle fait des avances, ne peuvent, dans aucun cas, descendre au-dessous du chiffre des sommes avancées, quel est le taux réel qui lui est légitimement dû? Ici la question est complexe et délicate; mais est-elle insoluble? Examinons, sans passion et sans parti pris, ce que la Banque a le droit d'exiger des emprunteurs.

En admettant que le premier capital monnayé de la Banque ait été simplement déposé dans ses caves comme garantie au cautionnement ou réserve destinée à couvrir les avaries du portefeuille, elle ne peut en toute justice exiger que *le loyer légal* des billets qu'elle donne en échange des effets de commerce ou d'autres valeurs escomptables, encore même devrait-elle n'émettre que la somme de billets égale à son encaisse métallique, et dans ce cas elle rentrerait ainsi dans la position d'un Banquier escomptant au taux légal de 6 0/0 en y ajoutant la commission, le risque, et autres agios. Dans ce cas le taux légal ne peut être dépassé par personne, sauf la commission plus ou moins forte que le Banquier peut exiger, et qui dans tous les cas ne dépasse pas le prix de 2 0/0 par an, ajoutés au taux légal de 6 0/0, ce qui produit 8 0/0 l'an. Mais dans la pratique ce taux n'est exigé que pour des effets de commerce à une signature et encore vis-à-vis d'emprunteurs besogneux quoique solvables. — Ici l'offre et la demande ainsi que la solvabilité de l'emprunteur doivent avoir une certaine importance, et ceci est tellement vrai qu'il n'est pas rare de voir des industriels trouver à placer leurs valeurs à raison de 5 0/0 l'an, chez des capitalistes. — Mais du moment que la Banque est autorisée à fabriquer du papier monnaie pour une somme double, triple, quadruple ou quintuple de son capital réel, le taux de son escompte doit proportionnellement être réduit de manière à ce que son revenu ou pour mieux dire l'intérêt qu'elle retire ne dépasse le taux légal que de la quotité exigée en plus du taux légal par les banquiers ordinaires. — Sans cela la Banque sort des limites du droit commun, et son privilège arrive droit au monopole et à l'exploitation dans les moments de crise, comme dans les circonstances ordinaires.

N'est-ce pas assez déjà pour elle d'avoir le droit d'exiger trois signatures et de pouvoir les accepter ou les refuser ? N'est-ce pas, après tout, la solvabilité reconnue et acceptée des trois signatures échangées contre les billets de la Banque qui donne la valeur réelle et intégrale à son papier monnaie ? Et s'il en est ainsi, quelle conséquence devons-nous en tirer ? C'est ce que nous allons rechercher.

Au moment où la Banque, après avoir déposé son capital de fondation dans les caves, confectionne ses billets au porteur et payables, à vue, en espèces, il est certain qu'ils ont leur valeur réelle et intégrale tant que la somme des billets créés est égale à celle de la monnaie immobilisée dans ses caisses. — Mais si elle en crée une somme double, naturellement la valeur n'est que nominale tant que l'échange n'a pas été opéré contre la matière escomptable. A ce moment un billet de 1,000 fr., par exemple, ne vaut en réalité que la moitié de sa valeur. Il y a en conséquence, sur les billets de Banque, une *dépréciation proportionnelle à la quantité créée* par rapport au capital primitif ; d'où il résulte que si la Banque fabrique pour 3,000 fr. de papier monnaie couverts seulement par 1,000 fr. d'espèces métalliques, chaque billet de 1,000 fr. ne vaut plus en réalité que 333 fr. 33 c., et qu'il y a sur la valeur nominale une dépréciation des deux-tiers, au moment de la création. Ne perdons pas de vue que la Banque, avec son capital de 91,250,000 fr., a été autorisée, par la loi du 22 décembre 1849, à élever à 525,000,000 fr. l'émission de ses billets au porteur, ce qui fait qu'elle dispose d'un capital de circulation près de six fois plus important que son capital réel.

Mais aussitôt que la Banque commence ses opérations d'escompte, c'est-à-dire qu'elle échange ses billets au porteur contre des effets de commerce à trois signatures reconnues valables par elle, il arrive que le billet mis en circulation jouit, aux yeux du public, de sa valeur intégrale, parce que le public sait que ce billet repose sur un gage d'autant plus certain qu'en outre des trois signatures, il y a comme *cautionnement*, pour les pertes présumées, tout le capital de fondation. Il nous est permis de dire alors que le papier monnaie de la Banque est *assuré* par trois signatures et un cautionnement plus que suffisant pour parer aux pertes éventuelles ; mais comme ces trois signatures donnent la valeur totale à ce papier monnaie, il résulte que c'est L'ASSUREUR QUI PAIE LA PRIME D'ASSURANCE, *au lieu de la recevoir* ; en d'autres termes LA BANQUE DE FRANCE FAIT PAYER LE CRÉDIT QU'ELLE REÇOIT. — Qu'on relise avec attention la note de M. le comte Mollien, et on y trouvera la justification de cette conclusion forcée.

Nous disons forcée ; car si la centralisation des diverses Banques départementales en une seule Banque de France ayant son siège principal à Paris, et des succursales sous sa dépendance dans les départements, a amené *l'unité* dans le papier-monnaie (ce qui à nos yeux est un progrès), il n'en faut pas moins reconnaître que la fusion des diverses Banques en une seule a donné à la Banque de France un monopole qui rend le commerce et l'industrie tributaires forcés de son privilège. L'État lui-même n'est pas sans en subir la pression ; il serait facile de le prouver.

Dans l'état actuel des choses, la Banque perçoit un intérêt sur tout le papier-monnaie qu'elle met en circulation. Elle a le droit d'élever, d'après les appréciations du gouvernement de la Banque, le taux de l'escompte, et en résultat, si les dividendes servis aux actionnaires justifient l'augmentation énorme du prix des actions primitivement émises pour 1,000 fr., ils nous donnent la mesure du prix que la BANQUE ATTACHE A SES SERVICES.

Pour rester dans l'équité et dans les limites du droit *commun*, c'est-à-dire dans la légalité, la Banque ne devrait percevoir, pour prix de ses services, que le taux légal de 6 0/0, augmenté de tous les frais d'administration sur la moyenne des opérations annuelles, c'est-à-dire la somme moyenne de billets qu'elle a émis dans le cours de chaque exercice annuel. Le surplus, au lieu d'être attribué aux actionnaires, devrait être rendu aux emprunteurs, qui devraient seuls profiter du bénéfice, puisqu'ils ont de fait donné la valeur réelle au papier de circulation, et qu'il n'est pas *permis* par la loi de dépasser le taux de 6 0/0.

Mais la Banque est privilégiée pour un nombre d'années, qui la rend pour longtemps encore MAÎTRESSE ABSOLUE du *crédit privé*, et en partie du *crédit public*. Aussi nous ne parlerons que comme hypothèse de la possibilité qu'il y aurait pour les emprunteurs sur papier à trois signatures, c'est-à-dire pour des assureurs à trois signatures, de se prêter à eux-mêmes et d'en percevoir la prime ou intérêt.

Si, en effet, l'assurance, ce grand levier de la conservation et de la vitalité de l'industrie et du commerce, est une garantie véritable et économique; si cette assurance de trois signatures paraît suffisante aux yeux des actionnaires de la Banque, à plus forte raison une assurance augmentée d'un plus grand nombre de signatures deviendrait-elle un gage plus certain; et si cette assurance devient mutuelle entre un nombre d'emprunteurs égal à celui de toutes les signatures présentées à l'escompte aux bureaux de la Banque, oh! alors, nous voilà presque débordés par les garanties.

« Le capital, dit la note de M. le comte Mollien, fourni par les
» actionnaires d'une Banque n'étant, à proprement parler, qu'une
» espèce de CAUTIONNEMENT qu'ils donnent au public, on pourrait
» presque dire qu'une Banque qui serait parvenue à se faire une
» réputation d'INFAILLIBILITÉ N'AURAIT PAS MÊME BESOIN DE CAPITAL pour
» exploiter son privilège, c'est-à-dire pour escompter, avec les billets
» fabriqués, les lettres de change qui lui seraient apportées par le
» commerce. »

Il est clair, d'après ce qui précède, que si, au lieu de trois signatures, on en exigeait quatre, cinq et plus, la sécurité deviendrait d'autant plus grande. Qui empêcherait donc un certain nombre de commerçants et de manufacturiers d'organiser une société par actions ayant son siége principal à Paris, et des comptoirs dans les départements où ils le jugeraient nécessaire? Nul ne pourrait faire partie de cette société, s'il n'apportait pas exclusivement ses valeurs escomptables à la société, qui donnerait en échange des billets de circulation comme ceux de la Banque. Chaque actionnaire étant nécessairement le CLIENT de la société, deviendrait SOLIDAIRE de toutes les valeurs escomptées par elle, puisqu'à titre d'actionnaire, son dividende aurait à supporter une différence pour les pertes que la société pourrait subir.

Il suffirait de connaître la solvabilité de l'actionnaire porteur d'un effet de commerce souscrit par un de ses débiteurs, de façon que, dans cette combinaison, on recevrait le papier à deux signatures seulement, résultant obligatoirement d'un échange de marchandises ou d'un prêt.

Il est certain que la société trouverait aisément en dehors d'elle des administrateurs capables et intègres soit pour la gérance, soit pour le comité d'escompte, dont les fonctions rétribuées seraient soumises à un cautionnement, et qui, au lieu d'avoir à examiner les signatures, auraient à s'enquérir constamment de la sincérité des transactions ayant servi de base au billet présenté à l'escompte. — Et lorsque nous disons que le comité d'escompte aurait à s'enquérir de la sincérité des billets, nous allons trop loin; car ce serait, dans bien des cas, sinon impossible, du moins difficile.

Mais du moment que la position d'actionnaire et d'emprunteur entraîne forcément la SOLIDARITÉ DE TOUS, pense-t-on que le conseil d'escompte aurait besoin de faire des démarches? A coup sûr, si je suis actionnaire, et que des motifs sérieux m'autorisent à signaler la mauvaise foi d'un des actionnaires, ou la position embarrassée dans laquelle il peut se trouver, ou la crainte qu'il ne puisse pas faire honneur à ses engagements, pense-t-on que je laisserai ce collègue actionnaire compromettre par son imprudence, son incapacité ou tout autre motif sérieux, les intérêts de l'association? A coup sûr, je ne manquerai pas à ce devoir. Ce serait au comité d'escompte à s'éclairer sur la véracité de ma déclaration, je dirai même de ma *dénonciation*; car de deux choses l'une, ou ma dénonciation sera dictée par esprit de jalousie et de concurrence, et c'est sur moi qu'en retombe l'opprobre, ou bien ma déclaration sera vraie, et dans ce cas, j'aurai donné l'éveil au comité d'escompte, qui avisera. — Et qu'on ne vienne pas présenter l'objection de la difficulté que le comité d'escompte éprouve pour obtenir des renseignements certains; car nous y répondrons fort simplement: si le comité de la Banque de France prend réellement des renseignements sur les trois signatures qu'elle exige, il sera plus facile de n'en obtenir que sur deux. — Et si la Banque de France ne tient compte que de celle du porteur de l'effet escomptable, il en sera de même pour la *société de crédit mutuel*. La mutualité est la base sur laquelle repose toute organisation solide et *équitable*. C'est l'*assurance pour tous*. Pourquoi ne l'appliquerait-on pas aux institutions de crédit?

Dans la combinaison qui précède, l'actionnaire et l'emprunteur ne sont qu'une même personne, apportant à la société un capital dont, à la rigueur, elle pourrait se passer, si elle avait la possibilité d'être *infaillible dans ses escomptes*, et si le public appelé à faire usage de son papier-monnaie pouvait avoir une confiance absolue dans ses placements contre ce papier-monnaie. Mais pour plus de sécu-

rité et pour que la confiance pût être établie sur des procédés analogues à ceux mis en usage par la Banque de France, ce capital vien-
drait s'ajouter, comme gage ou garantie, aux billets du portefeuille.

Quel devrait être alors le taux de l'escompte? Serait-il soumis
à augmentation ou à diminution? Il nous est facile de répondre.

Nous ne voyons pas quel inconvénient il y aurait à porter le taux
de l'escompte à 5 0/0 si l'on veut; car si, d'un côté, l'emprunteur
subit sur chaque bordereau une retenue à raison de 5 0/0 l'an, l'actionnaire, qui n'est autre que l'emprunteur, vient à la fin de l'année toucher un dividende proportionnel au nombre des actions qu'il
possède. Les dividendes se composent naturellement de la somme
des escomptes retenus, moins les frais de location, d'administration, etc., etc., etc.

Quant à la somme des effets de commerce que chaque actionnaire peut présenter à l'escompte, nous disons qu'en *équité*, il doit
être proportionnel au nombre d'actions *qu'il* possède. La Banque
de France, avec un capital de 91,000,000, a pu créer sans danger
pour 500,000,000 de papier-monnaie, ce qui est *plus que cinq
fois son capital.*

En admettant que, dans notre combinaison, le capital de circulation fût trois fois plus fort seulement que le capital immobilisé,
et que le terme fixé pour les escomptes fût de 90 jours, il résulte-
rait que chaque actionnaire porteur d'une action de 1,000 f. pourrait
négocier pour 3,000 fr. de billets tous les trois mois, et par conséquent 12,000 fr. dans l'année, ce qui conduit à ce résultat qu'on
peut, avec 1,000 fr. immobilisés, obtenir un crédit de 3,000 fr.
tous les trois mois, ou 12,000 fr. dans le courant de l'année.

Rien n'empêche de retenir sur les dividendes une certaine somme
soit pour former une réserve que, pour notre part, nous regardons
comme inutile, soit pour cumuler au crédit des actionnaires qui
peuvent le désirer les sommes nécessaires pour acquérir des actions
nouvelles et se créer un crédit plus étendu; car nous ne voyons pas
la nécessité de limiter le nombre des actionnaires, pas plus que la
somme totale des actions, la mutualité n'exigeant pas de limites
fixes.

L'important dans ce système, comme dans celui de la Banque de
France, comme dans les procédés des Banquiers ordinaires, c'est
d'être en position d'obtenir des renseignements certains sur ses actionnaires.

L'objection la plus sérieuse qu'on puisse nous adresser est celle qui consiste dans le choix et les pouvoirs du comité d'escompte. — Mais dans toute société mutuelle, n'y a-t-il pas des cas d'exclusion prévus par les statuts ! Et qui donc empêcherait la société de rédiger les siens de manière à sauvegarder ses droits, comme ceux de chacun de ses membres ? Il est facile de concevoir que cette société ne peut et ne doit pas, comme la Banque de France, sortir du cadre de l'escompte des billets de commerce présentés par ses actionnaires. Elle ne peut ni ne doit s'immiscer dans les affaires du crédit public, et voilà pourquoi son papier-monnaie, uniquement garanti par son portefeuille et son capital immobilisé, présente toute la sécurité qu'on peut attendre d'une société d'assurances mutuelles.

Le taux de l'escompte ne saurait être élevé que dans le cas où celui adopté ne suffirait pas à payer les frais généraux d'administration : en toute autre circonstance, il n'aurait pas de raison d'être.

La conséquence d'une société de crédit basée sur la solidarité de tous ses membres, serait que l'emprunteur n'aurait à payer absolument que des frais de gestion et d'administration ; ce serait le crédit *gratuit*, tranchons le mot.

Mais comme, dans cette étude, notre but est de rechercher les principes qui doivent servir de base à l'institution des Banques agricoles, examinons ce qui peut être organisé en fait de crédit pour l'agriculture et la propriété foncière.

DES

INSTITUTIONS DU CRÉDIT EN FAVEUR DE L'AGRICULTURE

ET DE

LA PROPRIÉTÉ FONCIÈRE.

Toutes les fois que le propriétaire d'une maison de ville ou d'une propriété foncière a besoin d'emprunter, soit pour améliorer ses immeubles, soit pour acquérir les instruments et les machines nouvelles appliquées à l'agriculture, soit pour réparer les désastres d'une épidémie de bestiaux, ou d'une mauvaise récolte, soit pour une nécessité quelconque, il est obligé d'avoir recours à l'emprunt sur hypothèque. — C'est à peu près, et en général le seul moyen pour lui de se procurer la somme dont il a besoin ; cela s'explique par la longueur du terme pour lequel le propriétaire est obligé de contracter l'emprunt. La longueur du terme est pour lui une condition indispensable, car la période d'une année complète est nécessaire pour réaliser tous ses produits. Encore a-t-il quelquefois intérêt à attendre plus longtemps, si le prix des denrées éprouve une baisse momentanée occasionnée par des circonstances imprévues. Il est, en effet, digne de remarque que dans les époques de crises financières les denrées se vendent à très-bas prix, la spéculation ne pouvant pas disposer de capitaux suffisants pour se charger des marchandises à vendre en temps plus opportun. La longueur du terme est donc une nécessité : car il peut survenir, au moment de la récolte, des cataclysmes qui enlèvent, non-seulement pour l'année présente mais quelquefois et trop souvent pour plusieurs années, les fruits des travaux du propriétaire.

C'est alors, alors surtout que l'emprunt devient pour lui une nécessité absolue : car il faut payer et entretenir un personnel en rapport avec la propriété, faire toutes les avances pour la récolte de l'année suivante et réparer en toute hâte les désastres qu'il vient de subir. — L'emprunt à long terme est donc absolument une condition obligatoire.

Or quel est le Banquier qui peut ainsi immobiliser son capital à un taux inférieur à celui que l'industrie et le commerce peuvent payer, et à un terme qui dépasse les quatre-vingt-dix jours, que la Banque de France accorde en temps ordinaire? — Assurément le Banquier préférera escompter au taux de 6 0/0 l'an, augmenté d'une commission qui varie de 1 à 2 0/0 l'an, des effets de commerce à quatre-vingt-dix jours qu'il peut dès le lendemain négocier à la Banque à un taux inférieur. Et notez-bien qu'en général le commerce et l'industrie sont obligés de se piquer d'exactitude à l'échéance d'un engagement : car le paiement d'un billet ou l'impossibilité de le payer est une question de *vie ou de mort* pour le crédit du souscripteur.

Le propriétaire ne pouvant recourir aux Banquiers ordinaires, encore moins à la Banque de France, est obligé en conséquence d'emprunter par l'entremise des notaires aux conditions du taux légal de 5 0/0, en ajoutant à ces 5 0/0 les frais du contrat d'emprunt, d'inscription hypothécaire, de quittance, de levée d'inscription, etc., etc. Nous n'avons pas à examiner à quel prix en fin de compte revient le taux de la somme empruntée au taux légal augmenté de tous ces frais ; mais nous devons dire, ce que tout le monde sait, que plus la somme empruntée est faible, plus le prix de l'argent est élevé.

Le taux de l'escompte, pour le commerce, paraît être plus élevé que celui que paye le propriétaire, et cependant le taux légal augmenté des frais de contrat et autres, constitue dans la plupart des cas un prix plus considérable pour ce dernier. — A part quelques grands capitalistes prêtant de fortes sommes à 4 et 4 1/2 0/0 l'an, sur première hypothèque, le taux généralement payé par le propriétaire est de 5 0/0 l'an, plus les frais dont nous avons parlé ci-dessus.

Le commerce et l'industrie ont sur le propriétaire l'avantage de trouver à toute heure des banquiers disposés à escompter leurs valeurs, dont la garantie est cependant toute morale, tandis que le propriétaire, avec un GAGE CERTAIN, ne trouve pas toujours, à un moment donné, la somme dont il a besoin. Il faut dire aussi que les formalités, pour la poursuite des débiteurs commerçants et industriels, sont plus expéditives que celles qu'on est obligé de suivre pour rentrer dans les capitaux prêtés au propriétaire. — Il est triste et regrettable que celui-ci soit privé d'un crédit à bon marché. — Mais l'organisation de la Banque commerciale ne permet pas la confusion, et comme l'emprunt du propriétaire doit être fait à des conditions particulières parmi lesquelles nous mettons en première ligne *le long terme* et un taux en rapport avec *le taux du revenu*, il faut de toute nécessité trouver pour la propriété un mode d'emprunt plus expéditif et plus économique. Tout le monde, en effet, d'après les explications qui précèdent, comprendra la barrière qui sépare les conditions et les procédés d'emprunt pour le commerce et l'industrie de ceux de l'agriculture et de la propriété. Il faut, avons-nous dit, que le taux de l'intérêt, pour ces dernières, soit en rapport avec le taux du revenu ordinaire de la propriété. — En effet, si un commerçant et un industriel empruntent au taux de 6, 7, 8, 9, 10 0/0, c'est qu'ils ont la possibilité, l'adresse, si l'on veut, de faire rapporter à leur commerce ou à leur travail, un bénéfice supérieur à l'intérêt qu'ils supportent, et sauf de rares exceptions, le commerçant et l'industriel ne tombent pas en déconfiture par les intérêts qu'ils payent. — *En général, dans les transactions commerciales, le taux de l'intérêt est au-dessous du bénéfice réalisé.* En est-il de même chez le propriétaire et chez l'agriculteur ?

Évidemment, non ! Personne n'ignore que la propriété foncière retire en moyenne 3 0/0 d'une bonne exploitation agricole. Admettons que le revenu arrive même jusqu'à 5 0/0, ce qui est l'exception : qu'un propriétaire, dans ces conditions, se trouve dans la nécessité d'emprunter, en cas de mauvaise récolte ou par toute autre cause, et le voilà obligé de payer 5 0/0 d'intérêt auxquels il faut ajouter les frais du contrat, papier timbré, inscription hypothécaire, honoraires du notaire, etc., etc. Comment donc pourrait-il payer 6 et 7 0/0, lorsque par exception il retire 5 0/0 et plus généralement 3 0/0 de son capital engagé dans la propriété.

Certes nous comprenons parfaitement qu'un capital reposant sur un *gage certain*, tel que le sol, ne rapporte que de faibles revenus, car ici *le capital n'est pas perdu*, lors-même que des désastres inattendus viennent frapper le propriétaire dans ses récoltes.

Dans l'industrie et le commerce, au contraire, les chances sont plus grandes, et il suffit d'énoncer cette proposition sans avoir besoin de la justifier par le raisonnement ou par des faits.

Or si le *propriétaire du* sol possède un capital pour ainsi dire *éternel* par rapport à celui de l'industrie et du commerce, que ce capital donne à son propriétaire un revenu relativement faible pour le prix d'achat, ce propriétaire ne peut-il pas trouver une institution de crédit qui lui facilite l'emprunt indispensable pour son exploitation à un prix inférieur au revenu ? — Nous disons que cette institution est nécessaire, équitable et possible.

Elle est nécessaire ; car la propriété languit faute d'agent de circulation ; elle est équitable, car c'est la terre qui produit tout, ce qui est utile, qu'en fin de compte c'est elle qui paye tous les impôts, qui fournit à l'homme toutes les denrées alimentaires, toutes les matières premières de son industrie ; c'est de ses entrailles que l'homme arrache les métaux qui servent à ses machines, à sa monnaie ; elle est en un mot la source de toute richesse matérielle, ce qui revient à dire qu'elle est *la source de tout capital matériel*. — Elle est possible enfin ; car si la Banque de France, avec une parcelle infiniment petite du capital matériel, peut créer un agent de circulation puissant et utile aux transactions de l'industrie et du commerce, les propriétaires de *la source de toutes les valeurs*, et de *tout le capital matériel*, peuvent *sans indiscrétion* user de moyens semblables. — Au surplus, on a tellement senti la nécessité de venir en aide à l'agriculture pour l'emprunt à bon marché qu'on a vu se créer une institution désignée sous le nom de *Crédit foncier*, mais qui ne réalisera probablement pas le but élevé qu'on lui a attribué.

Quel propriétaire intelligent ira emprunter au Crédit foncier au taux de 6 0/0, même en y comprenant l'amortissement du capital emprunté et qui doit être éteint après un nombre d'années déterminées à l'avance ? A moins d'être besogneux ou aveugle, on évitera d'avoir recours à cette institution : car si un propriétaire emprunte la moitié de la valeur d'une terre en s'engageant à payer 6 0/0 par an, et qu'il n'en retire que 5 0/0, il va de source qu'il ne lui reste rien.

Nous savons bien que des prêteurs philanthropes nous jetteront à la face cet argument sacré et consacré par la routine : mais vendez donc votre propriété et faites autre chose ; tant pis pour vous si vous n'avez pas été assez réfléchi en achetant une propriété de cent mille francs quand vous n'en aviez que cinquante. Vendez, vendez donc! débarrassez-vous de la lèpre qui vous ronge et achetez une propriété de 40,000 fr. au lieu de cent mille : il vous restera encore 10,000 fr. pour votre capital de roulement, et les diverses améliorations que votre propriété demandera.

Il est certain qu'en l'absence d'une institution de Crédit foncier en harmonie avec les besoins de la propriété foncière, ce raisonnement paraît juste, s'il n'est pas profond.

Cependant l'industriel intelligent et capable trouve toujours les capitaux nécessaires à son travail, à son usine, et pourtant il *n'a rien pour garantir le prêt qui lui est fait*, sinon la garantie toute morale de son intelligence et de sa capacité, ce qui certainement est beaucoup par le temps d'anarchie commerciale qui court. Le taux du prêt est toujours pour lui au-dessous des bénéfices qu'il réalise, et c'est pour ce motif qu'il peut non-seulement rembourser les capitaux qui lui ont été confiés, mais encore arriver à se passer de capitaux étrangers dès qu'il a pu en accumuler suffisamment pour ses affaires.

Pourquoi donc le propriétaire intelligent et capable ne pourrait-il pas, en ayant déjà un capital-argent transformé en capital-propriété, pourquoi, disons-nous, ce propriétaire, qui possède une partie de la source des capitaux, ne pourrait-il pas obtenir (à moralité et à capacité égales d'ailleurs) ce qu'on accorde à un habile et intelligent ouvrier qui ne possède rien ?

Pour nous, la réponse est élémentaire ; c'est que les institutions de crédit, parfaitement organisées pour l'industrie et le commerce, manquent absolument à l'agriculture, et que celle-ci ne peut emprunter qu'à très-chers deniers les capitaux disponibles, ou pour mieux dire les capitaux restant inutiles à l'industrie.

Contemplez l'élan imprimé à l'industrie manufacturière par ces puissantes machines dont le génie et l'intelligence de l'homme l'ont dotée. Eh! pourquoi la science a-t-elle travaillé de préférence au profit du progrès industriel plutôt qu'à celui du progrès de l'agriculture ?

Sans doute plusieurs causes ont contribué à cette préférence, qui peut paraître à quelques esprits superficiels une marche contre nature. Si pourtant on y réfléchit, on voit qu'avant l'immense développement de l'industrie manufacturière, la population générale était moins nombreuse, et les fruits de la terre suffisaient à la consommation. D'un autre côté, l'attrait d'une fortune rapide a poussé l'activité humaine vers des travaux moins pénibles et plus lucratifs que ceux de l'agriculture.

L'invention de la lettre de change, les diverses institutions privées ou publiques pour le grand développement du crédit, l'esprit d'association appliqué à l'assurance et aux grands travaux d'utilité publique, toutes ces causes et beaucoup d'autres encore ont amené une accumulation de capitaux de circulation qui a facilité l'application des machines, en offrant aux inventeurs une large rémunération pour leurs découvertes. — On peut bien nous objecter les ruines partielles de quelques industriels, et surtout les faux pas et les chutes désastreuses que le régime d'association actionnaire a provoqués. — Mais, à moins d'être aveugle, la masse du bien l'emporte sur celle du mal. Après tout, l'enfant qui essaie ses premiers pas trébuche contre un grain de sable, l'esprit d'association a eu et aura encore à subir de rudes épreuves; mais, en somme, de même que l'enfant devient homme utile, malgré quelques faux pas, de même l'esprit d'association s'imposera partout où ce principe fécond pourra être appliqué.

Le XIX siècle, après avoir fourni la moitié de sa carrière, a déjà vu le génie humain doter le monde de l'application de la vapeur à la marine, aux chemins de fer, à l'industrie; il a vu les bras de l'homme remplacés, dans une foule de travaux repoussants et pénibles, par la mécanique; il a vu encore l'électricité, je pourrais presque dire la foudre, obéissant à la volonté de la science, lancer sur tous les points du globe la pensée humaine en moins de temps qu'il n'en faut pour le dire.

La science, malgré ces admirables découvertes, est loin, bien loin d'avoir dit son dernier mot; nous l'avons vue, à l'Exposition universelle de Londres et à celle de Paris en 1855, diriger une partie de ses recherches vers l'application des machines à l'agriculture. Sans doute, et disons-le sans détour, l'Angleterre, pays au sol ingrat, au climat humide et froid, a tout d'abord pris la tête; mais la France au sol généreux , la France où les produits les plus utiles nous sont offerts avec abondance , suit sa rivale d'un pas ferme dans la voie du progrès et des réformes agricoles ; voilà que nos savants et nos inventeurs viennent offrir leur concours à l'agriculture.

On comprend qu'en Angleterre, où l'aristocratie nobiliaire possède d'immenses propriétés , les mécaniciens aient été provoqués à la recherche des meilleurs et des plus puissants instruments utiles à la plus grande production de l'industrie agricole. La grande propriété anglaise n'a pas besoin de capitaux , puisqu'elle en possède aussi pour l'industrie manufacturière.

En France , depuis 1789 , la propriété a subi une transformation complète par le morcellement , et par suite la masse de capitaux circulants n'est pas en rapport avec l'immense division de la propriété foncière. Il y a plus , la propriété foncière est grevée d'hypothèques.

Si l'industrie agricole française veut donc se tenir au niveau des progrès que chaque jour lui apporte , elle doit non-seulement chercher et trouver les moyens d'acquitter ses dettes , mais encore de se procurer la possibilité d'user de toutes les machines utiles que la science va lui offrir.

S'il est prouvé que l'agriculture peut, comme l'industrie , créer une Banque spéciale affectée aux services exclusifs de la propriété foncière et des travailleurs qu'elle occupe , s'il est prouvé surtout que cette Banque pourra prêter à un taux d'intérêt inférieur au revenu de la propriété foncière , le problème sera résolu.

Celle-ci prendra alors dans la hiérarchie le premier rang que la nature lui a assigné ; car le sol est la source de toutes les richesses matérielles sans exception ; il est , nous le répétons , le premier et le plus certain de tous les capitaux.

DE LA BANQUE AGRICOLE.

La Banque agricole doit avoir pour but :

1° De prêter des capitaux aux propriétaires fonciers ;

2° De prêter des capitaux sur consignation de denrées agricoles ;

3° De prêter des capitaux aux travailleurs du sol , etc.

Nous développerons successivement les moyens à employer et les conditions à remplir pour atteindre ce triple résultat.

Pour prêter , il faut que la Banque agricole puisse disposer d'un capital circulant en quantité suffisante pour assurer tous les services qu'elle est appelée à rendre.

Nous avons vu par quel moyen la Banque de France a pu suffire à procurer à l'industrie et au commerce une somme importante de capitaux , composés de billets au porteur fabriqués par elle , et dont l'usage , sans avoir obtenu légalement le cours forcé , est devenu aussi facile que celui des espèces métalliques

Nous avons vu que ces billets fabriqués par la Banque n'acquièrent leur valeur intégrale que lorsqu'ils sont représentés par une égale somme de billets escomptés , et conservés dans le portefeuille jusqu'à l'échéance.

Enfin , nous sommes pour la troisième fois obligé de rappeler cette partie importante de la note de M. le comte Mollien :

« Le capital fourni par les actionnaires d'une Banque n'étant , à
» proprement parler , qu'une espéce de *cautionnement* qu'ils don-
» nent au public , en pourrait presque dire qu'une Banque qui serait
» parvenue à se faire une réputation d'INFAILLIBILITÉ *n'aurait pas*
» *même besoin de capital* pour exploiter son privilège , c'est-à-dire

» pour escompter, avec les billets fabriqués, les lettres de change
» qui lui seraient apportées par le commerce. »

Les événements de 1848 ont suffisamment démontré que les Banques départementales et même la Banque de France ne possédaient pas cette *infaillibilité* indispensable pour qu'une Banque puisse se passer de capital. Il est bon de rappeler ici que ce mot capital représente des espèces métalliques. Nous l'employons donc dans l'acception ordinaire du commerce et de l'industrie ; car scientifiquement, les espèces métalliques nous paraissent être l'étalon *ou terme de rapport*, *de comparaison* servant à l'échange des valeurs de toute nature.

Nous reconnaissons parfaitement que les Banques industrielles et commerciales ne *peuvent* et ne *doivent* être autorisées qu'à la condition de ce *cautionnement*, représenté par le capital versé par les actionnaires dans les caves de la Banque.

La nécessité de ce cautionnement est justifiée précisément à cause de l'égalité des billets de Banque circulant en somme ÉGALE à celle des billets escomptés, qui, malgré les trois signatures exigées, peuvent, à un moment donné, ne pas offrir toute sécurité de paiement. — La conséquence à tirer de ces faits, c'est que l'infaillibilité d'une Banque ne peut exister qu'à la condition que le *gage ou cautionnement* sera *toujours d'une valeur supérieure à la somme des billets fabriqués.*

Or, *le sol étant un capital infaillible*, *l'institution de crédit* ayant pour cautionnement le sol lui-même, *doit être infaillible.* Nous venons de dire, et nous ne saurions trop répéter, que pour établir l'*infaillibilité*, le gage ou cautionnement *doit être toujours* d'une valeur *supérieure* à la somme des billets fabriqués. Le sol est la source de toutes les valeurs matérielles ; il est donc le vrai *capital* dans toute l'étendue que comporte ce mot. Puisque, par un artifice ingénieux, la Banque industrielle a su multiplier ses capitaux et arriver à faire donner *confiance et crédit* aux billets qu'elle fabrique, lesquels reposent sur des billets de commerce de *pareille somme*, revêtus de trois signatures, il est certain que la confiance s'établirait tout aussi bien pour des billets fabriqués par une Banque qui offrirait en garantie, non pas trois signatures, mais un gage matériel *équivalent* que l'emprunteur est dans l'impossibilité de détourner sous aucun rapport.

Mais si, au lieu de créer des billets pour une somme équivalente à la valeur du sol, la Banque agricole n'en fabrique que pour la moitié de la valeur du sol, oh! alors, le gage étant d'une valeur représentant le double de la somme des billets, la Banque passe *ipso facto* à *l'état réel d'infaillibilité*. Donc elle peut se passer de capital (espèces métalliques en dépôt dans les caves), car elle en possède un infiniment plus certain, soit comme *représentation des billets émis*, soit comme *cautionnement*. Qui osera nier que ces billets de Banque ne sont pas plus solides et ne méritent pas une confiance double de celle que présentent les billets de la Banque de France?

On pourra dire avec quelque raison sans doute que les trois signataires d'un billet de commerce étant solidairement engagés pour la totalité du billet souscrit, le billet de Banque a une triple couverture; mais cette couverture ou garantie est toute morale: tandis que les billets de la Banque agricole reposeraient sur une valeur *matérielle* double. La solidité de ces derniers est tout au moins équivalente, si elle n'est pas supérieure aux premiers.

Ici nous entendons l'objection présentée par les hommes graves de la haute finance; mais prenez garde, imprudent, vous ne réfléchissez pas que les billets de la Banque de France sont remboursables ou susceptibles d'être échangés A VUE, AU PORTEUR CONTRE DES ESPÈCES MÉTALLIQUES, et que si vous voulez obtenir la confiance dans un billet de Banque, il faut qu'il puisse, dans tous les cas, être remboursé en espèces.

Nous n'éprouvons en vérité aucun embarras à convenir que les billets de la Banque de France doivent indiquer qu'ils sont payables à *vue*, *en espèces*, *au porteur*. Mais ils ont bien besoin de cette *fiction*, et nous insistons sur cette qualification: sans cela, qui accepterait les billets de Banque au même titre que les espèces métalliques? Nous verrons si les billets de la Banque agricole auront besoin de cette formule, et si même le remboursement est nécessaire. Cette fiction est tellement passée comme vérité dans les esprits même de ceux qui en profitent, que dès qu'on leur parle d'un papier monnaie garanti sur un gage matériel double de l'émission, ils vous jettent à la face, qu'avant tout un billet de banque doit être remboursable à *vue*, *en espèces*, pour obtenir le degré de confiance qui doit l'assimiler à la monnaie métallique.

Nous sommes d'autant plus médiocrement touché de l'argument

que nous avons vu en 1848 des billets de la Banque de France et des Banques départementales, échangés contre espèces par des spéculateurs éhontés avec une retenue de 10 0/0; les Banques étant, à ce moment, dans l'impossibilité de suffire aux demandes de remboursement. À coup sûr, ces spéculateurs ne devaient pas partager les terreurs de ces pauvres ignorants timorés qui croyaient alors à la ruine certaine des Banques, et ils avaient raison, ces spéculateurs; car nous-même nous partagions leur sécurité, malgré l'*imprudence* de certaines Banques départementales.

Cette imprudence avait conduit les administrateurs de certaine Banque départementale à placer en rentes sur l'État le capital servant de cautionnement; et comme les titres de rente 5 0/0 achetés avant 1848 à 110 et 120 fr. étaient descendus à 65 et 70 fr., on pouvait se demander avec raison ce qu'était devenu le caractère d'*infaillibilité* dont parle la note de M. le comte Mollien.

Tout en admettant que la Banque, pour donner confiance et surtout faire circuler ses billets comme des espèces métalliques, ait eu raison de leur donner la formule : *il sera payé à vue, en espèces, au porteur*, etc., etc., on est obligé de reconnaître que cette formule est une *fiction*. Ses billets ne peuvent être remboursés en totalité qu'au fur et à mesure de l'échéance des billets de commerce escomptés par elle, ce qui équivaudrait à une LIQUIDATION. Encore il arriverait indubitablement que dans ce cas elle recevrait en paiement la majeure partie des sommes en ses propres billets. La Banque ne peut donc payer *à vue* qu'une partie des billets émis par elle, à moins qu'elle ne procède à sa LIQUIDATION.

Nous sommes donc autorisé à dire que cette formule inscrite sur les Billets de la Banque de France : *il sera payé à vue, au porteur, en espèces*, etc., est une fiction nécessaire. Elle est tellement une fiction nécessaire, que les opérations de la Banque consistant à échanger ses billets à vue contre des valeurs à échéance fixe, cette même Banque ne peut rembourser ses propres billets en espèces qu'au prorata des espèces métalliques qui rentrent dans ses coffres, puisqu'il lui est interdit de toucher à son capital métallique primitif. — Enfin il nous semble qu'on sera d'autant moins dans la nécessité d'aller échanger les billets à la Banque, que les petites coupures seront plus multipliées.

Nous comprenons donc et nous admettons volontiers que toute

Banque qui n'a pas le caractère absolu d'*infaillibilité* soit tenue de dire que ses billets seront *payables en espèces et à vue*, quoiqu'en vérité cette condition ne puisse être réalisée en entier qu'au moyen d'*une liquidation définitive*, parce qu'elle a, pour servir de garantie aux *avaries de son portefeuille*, le capital, espèces versées par les actionnaires, qui doit y faire face, ainsi que ses réserves et ses propriétés de toute nature.

Mais nous ajoutons aussi qu'une Banque qui atteindra le caractère absolu d'infaillibilité, n'aura jamais besoin d'introduire, dans ses billets, cette condition de remboursement à vue et en espèces : car, dans le cas d'infaillibilité, cette condition n'a pas de raison d'être.

Après tout, nous concevons que vous tous, actionnaires de la Banque, qui présentez au public un papier monnaie qui sextuple votre capital et vous procure de beaux bénéfices, vous ayez la crainte de voir se fonder, nous ne dirons pas une concurrence (le mot ne serait pas exact), mais une institution de crédit marchant parallèlement à côté de la vôtre, et basée sur le principe de l'*infaillibilité réelle*. Le papier monnaie de cette Banque devant être garanti par un *capital matériel infaillible par* lui-même, doit inspirer d'autant plus de confiance que le gage matériel est d'une valeur plus que double des billets émis, et que ce gage, au lieu d'avoir, comme les espèces métalliques, les chances variables de valeur, ne peut qu'augmenter de prix.

Mais votre crainte est-elle sérieuse ou simulée? La Banque agricole n'a à s'immiscer en aucune façon dans les transactions industrielles; elle n'a pas à remplacer, en quoi que ce soit, les fonctions de la Banque de France; elle vous laisse le soin d'exploiter votre privilége et n'a pas à s'occuper de vos opérations.

D'après ce qui précède, nous devons conclure qu'une Banque industrielle et commerciale ne peut et ne doit déposer dans ses caves qu'un cautionnement (pour nous servir de l'expression caractéristique de M. le comte Mollien), en espèces métalliques. Faisons remarquer en passant que ce cautionnement matériel ne représente même (quant à la Banque de France à la fin de 1857), que la sixième partie des billets au porteur que la Banque était autorisée à créer par la loi du 22 décembre 1849).

Cette condition du cautionnement en espèces métalliques a-t-elle

même une apparence de nécessité pour les Banques agricoles ?
nous répondons carrément, non !

Nous l'avons démontré par les considérations qui précèdent, et
nous compléterons encore la démonstration après avoir esquissé à
grands traits les statuts d'une Banque agricole.

Puisque l'État a autorisé une compagnie d'actionnaires, versant
91,250,000 fr. dans les caves d'une Banque, à créer sous certaines
conditions pour 525,000,000 fr. de papier monnaie (loi du 22 décembre 1849), c'est-à-dire à presque sextupler le capital primitif
et que ces 525,000,000 fr. n'acquièrent une valeur *à peu près
certaine* qu'au fur et à mesure de l'échange qui en est fait contre
des billets de commerce à trois signatures, est-il possible de suppo-
ser que l'État puisse refuser son approbation à des propriétaires du
sol qui lui demanderaient une semblable faveur ?

Il suffirait, ce nous semble, d'un certain nombre de proprié-
res d'immeubles, libres de toute hypothèque, pour fonder une institution de *crédit exclusivement réservée aux besoins de la propriété foncière et de l'agriculture.*

Les statuts généraux de cette institution ne pourraient-ils pas être
formulés de la manière suivante ?

« Entre les soussignés........
»il a été formé une société ayant pour objet la fondation d'une insti-
»tution de crédit désignée sous le nom de *Banque de la propriété
»foncière et de l'agriculture.*

»Elle a pour but :

»1° De procéder au remboursement des prêts hypothécaires effec-
»tués jusqu'à ce jour aux propriétaires fonciers ;

»2° De prêter aux agriculteurs sur consignation de denrées ;

»3° D'avancer des capitaux aux propriétaires, fermiers et travail-
»leurs du sol au moyen de garanties dont il sera parlé plus bas.

»Pour atteindre ce triple but, la Société se propose de créer des
»billets de circulation comme ceux de la Banque de France, par
»coupures de 1,000, 500, 200, 100, 50 fr. et au-dessous, jusqu'à
»la plus petite coupure que pourront exiger les besoins du service.

»Les propriétés foncières des fondateurs sont complétement libres
»de toutes hypothèques.

»Leur valeur sera déterminée d'après l'évaluation du *revenu* net
»qui sert de base à l'impôt foncier, capitalisé au taux de *trois pour
»cent*, et ce en présence d'un agent du Gouvernement-

» La somme des billets fabriqués par la Banque agricole, ne pourra
» dépasser *la moitié* de la valeur des immeubles affectés à leur ga-
» rantie. La création des billets sera faite sous le contrôle de l'État.

» La Banque commencera ses opérations après avoir obtenu l'au-
» torisation du Gouvernement et l'approbation de ses statuts et régle-
» ments.

» Dès que la première émission de billets sera effectuée, ces billets
» étant de droit hypothéqués sur les propriétés des emprunteurs, les
» fondateurs peuvent incessamment recommencer les opérations rela-
» tives aux prêts, en créant des billets de circulation au fur et à mesure
» que les derniers créés sont placés.

» Le prêt fait à un emprunteur, dont la propriété est déjà hypothé-
» quée, est affecté exclusivement au remboursement de tout ou partie
» des hypothèques inscrites.

» Le prêt est fait pour une période de dix années, correspondant
» à la durée de la valeur d'une inscription hypothécaire.

» A l'expiration de ce terme, l'inscription sera renouvelée aux frais
» de l'emprunteur pour tout ou partie de la somme.

» Le taux de l'intérêt ne pourra jamais dépasser *trois pour cent*.
» Il est payable par semestre et d'avance.

» Pendant le premier exercice annuel, le taux restera fixé à 5 0/0,
» dont deux pour cent serviront à construire ou à louer les bâtiments
» nécessaires au logement de la Banque, à payer les administrateurs et
» le personnel, en un mot à suffire à tous les premiers frais d'instal-
» lation et d'administration.

» Le conseil d'administration, sous le contrôle de l'État, détermi-
» nera chaque année si le taux de 5 0/0 doit être conservé ou di-
» minué.

» Les propriétaires fondateurs font de droit partie du conseil d'admi-
» nistration, auquel seront adjoints un nombre d'emprunteurs qui
» sera déterminé par les règlements définitifs. Ce même règlement
» fixera également le nombre des agents salariés indispensables pour
» la bonne gestion.

» La somme formée par la différence de deux à trois pour cent,
» sera employée par moitié, ou, d'après l'avis des administrateurs,
» au *prorata* des demandes :

» 1° A opérer, sur consignation de denrées, des prêts dont les ga-
» ranties et les conditions seront consignées dans les règlements ;

» 2° A avancer des capitaux aux propriétaires, fermiers et tra-
» vailleurs du sol, sur récoltes pendantes, achats de bestiaux de tra-
» vail ou d'élevage, etc., sous la condition expresse que dans le pre-
» mier comme dans le second cas, l'assurance sera obligatoire contre
» l'incendie, la grêle, la mortalité des bestiaux, etc., ainsi qu'aux
» autres conditions du règlement définitif.

» Le taux de l'intérêt à percevoir par la société, dans les deux cas
» qui précèdent, reste provisoirement fixé au taux de 3 f. 65 c. pour
» cent par an, lequel taux ne pourra pas être dépassé.

» Après le paiement de tous les frais quelconques de l'administra-
» tion, les bénéfices nets seront remis à l'État, qui, après des études
» préalables, emploiera exclusivement ces bénéfices en chemins, ca-
» naux d'irrigation, etc., au profit de l'agriculture et au *prorata*,
» autant que possible, des emprunts faits dans chaque département.

» Le siége principal de la société sera à Paris.

» La société établira des comptoirs partout où les besoins seront
» reconnus nécessaires, avec l'approbation de l'État.

» Il sera fait, à la fin de chaque année, une réserve destinée à cou-
» vrir les pertes que la société peut avoir à subir vis-à-vis des emprun-
» teurs sur consignation de denrées, et des avances faites aux fer-
» miers et travailleurs du sol. »

Il nous paraît superflu de revenir maintenant sur les explications
qui nous ont conduit à affirmer que les billets de la Banque agricole
présentent une solidité telle, qu'ils atteignent, nous le disons hardi-
ment, la condition d'*infaillibilité*. Ce principe est la base sur laquelle cette institution doit reposer pour qu'elle n'ait pas à faire appel au capital *métallique*. Il n'y a donc pas à redouter qu'elle porte
atteinte au privilége de la Banque de France, celle-ci ne pouvant
se passer d'espèces. La Banque agricole, elle, n'a qu'à multiplier les
petites coupures, et ses billets seront, à coup sûr, acceptés même
dans les transactions commerciales.

L'important est de faire comprendre qu'ils reposent sur un gage
matériel d'une valeur plus que double des billets mis en circulation.
Donc elle est *infaillible*.

Parmi les objections plus ou moins sérieuses qui peuvent nous être
faites, il en est deux que nous ne pouvons passer sous silence : nous
voulons parler des droits acquis par les prêteurs de bonne foi, droits
confiés à la sauvegarde de l'État et des lois ; nous voulons parler de

l'énorme somme de capitaux devenus disponibles par suite du remboursement opéré par les propriétaires fonciers à leurs anciens prêteurs.

Ces deux objections nous paraissent étroitement liées l'une à l'autre, et nous pourrions répondre :

Eh ! mon Dieu ! qu'ont fait les copistes au moment de l'invention de l'imprimerie ? qu'ont fait les ouvriers au métier à la tire lorsque Jacquard a doté l'industrie lyonnaise de son admirable métier ? qu'ont fait les maîtres de poste privilégiés lors de la création des chemins de fer ? qu'ont fait..... Nous pourrions ici formuler une série infinie de questions de la même nature, et, en définitive, on pourrait rappeler à ces capitalistes ces sublimes paroles de l'Evangile : *Cherchez et vous trouverez.* Nous serons plus charitables, et nous leur dirons :

Les capitaux que vous avez prêtés par hypothèque aux propriétaires fonciers vous ont été légitimement acquis soit par héritage, soit par l'accumulation de vos épargnes personnelles résultant de votre travail et de votre industrie. A Dieu ne plaise que nous cherchions à le contester ! Vous avez su vous procurer, au moyen de vos immenses agents de circulation, les capitaux nécessaires pour acheter au meilleur marché possible les instruments de travail, et *surtout* les matières premières que les propriétaires du sol pouvaient seuls vous fournir ; car, en définitive, c'est le sol qu'*ils* possèdent qui les produit toutes sans exception. Aussitôt que vous avez pu arriver à accumuler une certaine quantité de capitaux mobiliers, vous avez cherché à éviter toutes les chances d'un placement aléatoire ; et comme le sol présente le placement le plus solide et le plus certain, vous avez acheté à chers deniers une partie de la propriété foncière, ce qui n'a pas peu contribué *à faire diminuer la quotité du revenu*, et puis, lorsque le sol est monté à un prix représentant plus que la valeur du taux légal de 5 0/0, vous avez placé le reste de vos épargnes au taux légal de 5 0/0, qui, quoique légal, n'en est pas moins trop cher, beaucoup trop cher aujourd'hui.

Il faut convenir que les propriétaires fonciers, étrangers à toutes les combinaisons financières de l'industrie, n'ont pas cherché à remédier à cet état de choses. Il y a plus : c'est vous, les financiers par excellence, vous, les inventeurs d'une monnaie artificielle, qui venez leur offrir aujourd'hui l'appui d'une société constituée sous le nom de Crédit foncier ou agricole, et qui, à notre avis, agira sur la propriété comme machine absorbante. Nous l'avons déjà dit : le propriétaire foncier ne pouvant pas même payer l'intérêt à 5 0/0, ce taux étant plus élevé que le revenu du sol, pourra encore moins payer 6 0/0, quoiqu'il ait la perspective de s'acquitter du capital emprunté chez vous après une période de 40 à 50 ans. — La propriété foncière a le droit de vous dire : *Timeo Danaos*, etc.

Puisque vous avez pu, par des artifices ingénieux, augmenter le capital circulant de l'industrie, de quel droit pouvez-vous empêcher l'agriculture d'user de moyens analogues, et cela avec d'autant plus de raison, qu'elle offre des garanties matérielles plus considérables que les garanties morales qui vous ont servi à multiplier votre capital de circulation ?

Reprenez donc le capital que vous avez prêté à 5 0/0, à moins qu'il ne vous convienne de le laisser à un taux équivalant au prix de revient des billets de Banque augmentés des frais d'administration que les propriétaires fonciers auront supportés, par la création d'une Banque agricole. C'est là tout ce qu'ils doivent légitimement payer pour loyer des capitaux qu'il vous conviendra de laisser : car après tout, votre capital n'est-il pas parfaitement garanti, et vous doit-on quoi que ce soit pour des chances aléatoires que vous n'avez pas à courir ? La seule chose que vous puissiez désirer, dans ces conditions, c'est qu'une loi rende l'expropriation plus expéditive en cas d'inexécution des conventions de paiement de l'intérêt ou du capital.

Le Gouvernement, dirons-nous, dont le devoir est de veiller à tous les intérêts de ses administrés, ne peut d'un côté refuser à la propriété foncière le droit d'organiser les institutions de crédit qui lui manquent : mais, à titre de tuteur vigilant de la fortune publique et des droits acquis, ne peut-il pas, au moyen de mesures transitoires, éviter les embarras momentanés que cette nouvelle masse de capitaux circulants peut occasionner ?

Ainsi, comme moyen de transaction et de conciliation, ne devrat-il autoriser l'institution du crédit agricole que sous la condition de remboursement aux anciens prêteurs par dixièmes annuels. En attendant, vous tous, anciens prêteurs sur hypothèque, vous trouverez les moyens de placer vos capitaux à un taux rémunérateur pour le service qu'ils auront à rendre. — Nous sommes convaincu, pour notre part, que vos recherches aboutiront. N'avez-vous pas en perspective l'amélioration de nos villes, de nos routes, des chemins de fer, et de tous les grands travaux d'utilité publique à peine ébauchés ?

Il faut, au surplus, reconnaître en passant que jusqu'ici les divers gouvernements qui se sont succédé, ont eu intérêt à se subordonner aux exigences de l'industrie, du commerce, et surtout de la finance, par la raison toute simple que c'est là qu'ils pouvaient réaliser rapidement, mais à chers deniers, les emprunts dont ils avaient besoin. — Le Gouvernement actuel a cependant tourné ses regards vers l'agriculture, et il a d'autant plus raison qu'elle a pour elle le nombre, et que, si l'agriculteure est riche, non-seulement elle consommera les objets manufacturés en plus grande quantité, mais encore elle pourra prêter au Gouvernement à meilleur marché, et comme en définitive le Gouvernement, c'est toute la nation, celle-ci pourra employer en consommation la différence qu'elle donnait en trop pour les emprunts contractés vis-à-vis des financiers-industriels et commerçants.

Nous laissons de côté la foule d'objections qui nous paraissent sans importance à côté de celle que nous venons de discuter, convaincu que des statuts et réglements bien étudiés leveront tous les obstacles. Passons au second but de la Banque Agricole.

Ici notre tâche devient d'autant plus facile qu'il existe déjà des établissements organisés en vue de prêts sur consignation de marchandises.

Ainsi les Monts de Piété, les dépôts faits contre des *warrants*, les dépôts sur consignation de valeurs à la Banque de France, peuvent servir de modèle. On peut objecter qu'il faudra dans la commune, le chef-lieu de canton, ou d'arrondissement, ou le chef-lieu du département, des magasins de dépôt qui occasionneront des dépenses de construction, d'entretien, conservation des denrées, etc., etc. Mais quelle est l'organisation privée ou publique qui n'exige pas toutes ces conditions de dépense ? Et quoi d'effrayant peuvent présenter ces dépenses qui en définitive seront payées par ceux qui auront recours à l'institution de crédit que nous exposons ! — Après tout, pourquoi ne laisserait-on pas le propriétaire lui-même détenteur du gage et responsable de sa conservation ? Quel danger ce moyen présenterait-il ? Pour notre part, nous ne le voyons pas ; et c'est ce dernier mode qui nous paraît le plus pratique.

Il ne s'agirait donc qu'à déterminer avec quelles ressources, à quelles conditions d'intérêt et enfin à quelles limites on effectuerait le prêt sur consignation de denrées.

Les ressources, nous les trouvons dans le surcroît de un pour cent, ajouté au prix de revient des billets et aux frais d'administration de la Banque agricole, dont il a été question à propos des sommes à rembourser aux anciens prêteurs hypothécaires. — La moitié de ce surcroît de un pour cent, soit un demi pour cent, peut être appliquée aux prêts sur consignation de denrées. Nous trouverons plus bas l'emploi du reste de la somme.

Quant au taux de l'intérêt, nous ne voyons aucun inconvénient à le fixer au taux de 3 fr. 65 c. pour cent et par an, soit un centime par jour, de façon que l'emprunteur peut savoir au moyen du nombre de jours depuis la date de l'emprunt, ce qu'il doit à la Banque. Nous portons le taux de l'intérêt à 3 fr. 65 c. pour 0/0 et par an, non-seulement pour la facilité du calcul, mais encore parce que la vente des denrées rentre dans les transactions commerciales et qu'il n'y a pas de raison suffisante pour que ce taux ait une grande influence sur le prix des denrées agricoles.

Un autre motif nous engage à l'accepter : c'est que nous trouvons l'emploi des bénéfices réalisés au profit exclusif de l'agriculture.

Enfin, la limite à laquelle peut être raisonnablement arrêté le prêt sur consignation de denrées peut être fixée à la moitié de la valeur de la denrée au moment du prêt.

Nous indiquons seulement les conditions principales du prêt ; les statuts et règlements devant contenir les moyens pratiques que nous trouvons inutile de consigner dans ce travail, tant ils nous paraissent faciles !

Le troisième but de la Banque Agricole, est d'avancer au fermier ou locataire du sol les sommes nécessaires pour l'exploitation de son industrie, telles que achat de bestiaux de travail, troupeaux, instruments de travail, avances sur récoltes pendantes, etc., etc.

La première des conditions imposées à ce genre de prêt, c'est l'assurance obligatoire contre l'incendie, la grêle et les épizooties, en un mot, l'assurance obligatoire des gages de toute nature qui font l'objet d'un prêt, bestiaux, récoltes en greniers ou pendantes, etc., etc.

Les modes d'exploitation en France sont si variés et par suite les conditions de prêts sont si variables que chaque département aurait à faire concorder ses réglements et ses conditions avec les usages locaux. Nous jugeons donc inutile d'entrer dans des détails à ce sujet. Nous pensons également que le taux de l'intérêt devrait être comme pour le prêt sur consignation de denrées, à un centime par jour, avec cette différence que pour ce dernier mode de prêt, le terme peut être prolongé tant que le gage n'a subi aucune dépréciation, tandis que les prêts aux fermiers doivent être limités après la récolte des denrées ou la vente des bestiaux ou de leurs produits. Nous le répétons, les conditions doivent dépendre du mode d'exploitation locale.

Nous devons cependant répondre encore à l'objection relative au *remboursement* des billets de notre Banque Agricole. Nous avons déjà dit que ce remboursement n'est pas nécessaire et nous ajoutons qu'on pourrait même (quant aux relations agricoles, si elles n'étaient pour ainsi dire pas solidaires des transactions industrielles et commerciales) qu'on pourrait, disons-nous, se passer à la rigueur d'espèces métalliques.

Nous avons dit, en effet, et nous n'avons pas besoin de le prouver, que les billets de la Banque de France ne seraient jamais échangés contre des espèces s'il existait des coupures assez nombreuses et par petites sommes ; car l'industriel ne va guère échanger un billet de banque que pour en diviser la somme en parcelles à ses ouvriers ou pour des appoints. Les banquiers seuls, et, nous l'avons vu souvent, font échanger à la Banque des billets contre des espèces, lorsqu'ils ont besoin d'expédier forcément du numéraire vers d'autres places de commerce en France, ou que, par spéculation, ils exportent des espèces à l'étranger.

Nous sommes donc autorisé à dire que la Banque de France pourrait, par la création de coupures, éviter la *fiction* inscrite sur ses billets et n'avoir presque plus d'échange à effectuer contre des espèces métalliques. Car l'organisation de la Banque de France (tant qu'elle conserve intact dans ses caves le cautionnement en numéraire que son privilège lui impose de garder), l'organisation de la

Banque est si puissante que, quoi qu'il arrive dorénavant, on ne verra plus des peureux (excités d'autrefois peut-être par des spéculations éhontées) se précipiter à la fois vers ses coffres pour échanger ses billets contre des espèces métalliques.

En fin de compte, ce n'est qu'à la suite d'une *liquidation générale* que les billets de la Banque de France pourraient être intégralement remboursés en espèces ; encore est-il bon de faire remarquer que les billets réellement remboursés en espèces, ne s'élèveraient pas à une somme considérable, par la raison que la Banque elle-même serait payée par les débiteurs du portefeuille, au moins pour la plus forte partie, avec ses propres billets.

La matière escomptable de celle-ci se compose de billets à trois signatures, qui peuvent n'être pas toujours payés, et nous en avons eu la preuve par les billets en souffrance de 1848.

Le cas d'incendie du portefeuille apporterait une triste perturbation dans la représentation des billets de Banque en circulation. — Le gage lui-même de la Banque n'est pas tellement infaillible qu'il ne puisse, malgré toutes les précautions de sûreté, être sujet à la convoitise des voleurs. L'hypothèse est bien permise après le vol audacieux commis au chemin de fer du Nord.

La matière escomptable de la Banque agricole comprend *uniquement le sol*, le sol qu'il n'est donné à qui que ce soit d'emporter ou de détourner. L'incendie n'y peut rien, les voleurs encore moins. — Un cataclysme naturel peut seul le dénaturer sur une certaine étendue : la grêle, la gelée, la sécheresse, peuvent bien en diminuer partiellement les revenus, mais le fond lui-même ne se perd pas.

Il offre donc, comme gage, infiniment plus de garantie que la matière escomptable de la Banque de France. — Et si nous comparons la somme de billets circulants émis par l'une et par l'autre Banques, par rapport au capital de garantie, à coup sûr tout l'avantage se trouvera en faveur de la Banque agricole. En effet, la Banque de France, avec *un million de capital par exemple*, émet près de six millions de billets circulants, représentés, dans son portefeuille, par toute la matière escomptable, c'est-à-dire les billets à trois signatures, les titres d'actions et obligations industrielles, les rentes sur l'État, etc.

Ces six millions de billets émis étant d'une somme à très-peu près égale à celle des titres, n'ont, en dehors de la garantie des débiteurs, que un million, c'est-à-dire le sixième de la matière escomptable.

Dans la Banque agricole, les billets émis ne s'élèvent pas à la moitié de la valeur vénale du sol; il reste donc plus de la moitié pour les garantir, et comme il ne peut jamais survenir d'avaries sur la valeur intrinsèque du sol, qu'au contraire, tous les faits prouvent que le sol augmente constamment de valeur, il faut conclure que les billets émis par la Banque agricole offrent des garanties plus considérables que les billets de la Banque de France. — En résumé, la Banque de France est *faillible*; la Banque agricole serait *infaillible*.

Les billets émis par la Banque agricole seront-ils échangeables en espèces? Nous répondons : non. Le cours forcé n'est qu'un triste moyen dont on a pu user momentanément, mais qui enlève la confiance, au lieu de la donner. Et pourquoi, d'ailleurs, les billets seraient-ils échangeables en espèces? Qui demanderait même à les échanger, du moment que la Banque agricole émettrait des coupures assez faibles et assez nombreuses pour suffire à tous les échanges et à tous les besoins. Pourquoi ce cours forcé, d'ailleurs, puisque le gage représente une somme plus que double des billets émis, et que la Banque agricole possède tous les caractères d'infaillibilité sur lesquels repose la plus entière confiance?

Nous affirmons, sans crainte d'être contredit, que les billets de la Banque agricole n'ont pas besoin d'être remboursables en espèces. Il suit de là que les emprunteurs peuvent rester indéfiniment débiteurs, sous la condition que leur propriété est grevée hypothécairement, tant qu'ils n'ont pas payé la somme empruntée. Toutefois, les propriétaires n'ayant plus à payer un intérêt supérieur à la quotité de leur revenu, pourront s'acquitter annuellement et par fractions jusqu'à complet paiement de la somme empruntée. Les billets qu'ils remettront à cet effet à la Banque agricole seront portés à leur crédit et détruits au fur et à mesure qu'ils rentreront dans ce but.

Nous avons à dire maintenant à qui reviendront les bénéfices réalisés par la Banque agricole. On a vu plus haut que le taux de l'intérêt pour les propriétaires du sol est fixé à trois pour cent l'an. Sur ce tantième, nous avons affecté deux pour cent aux frais d'administration et à la fabrication des billets de Banque. Le un pour cent restant a été affecté par moitié au service du prêt sur consignation de denrées et à celui du prêt sur récoltes pendantes, bestiaux, etc.

La Banque agricole réalise, sous ces deux derniers modes de prêt, un bénéfice brut de 3 fr. 65 c. 0/0, et un bénéfice net de 3 0/0.

A qui revient ce bénéfice ?

Il semble, à première vue, qu'il doit être attribué légitimement au propriétaire dont le sol a primitivement servi de gage aux billets de la Banque agricole. Quant à nous, nous ne voyons rien que de très légitime si on lui attribue ce bénéfice. — Toutefois, le propriétaire du sol a profité de la création des billets au moyen desquels il a pu se procurer une partie de l'instrument de travail (le sol étant à nos yeux *capital et instrument de travail*) pour l'exercice de son industrie, et à un taux de loyer de beaucoup inférieur à celui qu'il aurait eu à payer aux capitalistes.

Dans cette position, nous pensons que le bénéfice devrait être employé, par l'intermédiaire et sous la surveillance de l'Etat, à l'exécution de grands travaux d'utilité publique agricole, tels que canaux d'irrigation, endiguements de rivières, reboisement des montagnes, etc., etc.

Ici s'arrête notre tâche ; nous terminerons cette étude en indiquant les motifs qui nous ont guidé dans nos recherches.

Il y a longtemps (trop longtemps, dirons-nous) que nos relations suivies avec les propriétaires fonciers ont découvert à nos yeux les plaies profondes qui les rongent, et qui les pousseront fatalement à une complète désorganisation. Jusqu'ici, nous a-t-il semblé, l'agriculture a marché au hasard, et si elle a, dans ces derniers temps, accompli des progrès au point de vue des procédés de production, elle n'a pas encore cherché la force qui peut lui donner l'impulsion la plus puissante et la plus féconde. — Frappé de l'état de gêne permanent de la propriété, et comprenant bien que le propriétaire foncier, s'il était plus riche, achèterait une plus grande quantité d'objets de nécessité ou de luxe à l'industrie, et par conséquent rendrait celle-ci d'autant plus prospère, nous avons cherché la cause de son infériorité vis-à-vis du commerce et de l'industrie.

Nous avons cru la trouver, en très grande partie, dans l'absence d'institutions de crédit en rapport avec l'importance de la valeur des produits agricoles. Les capitaux circulants, très-abondants pour le commerce et l'industrie, lui manquent absolument au point de vue de l'exploitation surtout ; car elle en trouve pour l'acquisition de la propriété, mais à quel prix ? Nous avons donc étudié avec la plus sévère attention le mode d'organisation des Banques industrielles, et nous nous sommes demandé si l'agriculture ne pourrait pas organiser, elle aussi, des institutions de crédit présentant toutes les garanties qui peuvent donner la confiance à son papier-monnaie. La note du comte Mollien nous a paru poser si nettement et si absolument le principe essentiel de toute institution de crédit, l'*infaillibilité*, que nous avons dû examiner la valeur réelle des billets à vue de la Banque de France, qui n'ont qu'une infaillibilité relative, et chercher si l'agriculture ne pourrait pas adopter un système de crédit tel, que l'infaillibilité absolue en serait la base.

Nous croyons avoir démontré la possibilité d'une Banque agricole fondée sur ce principe. Nous ne nous sommes pas dissimulé qu'avant d'appliquer un principe, il faut avant tout le faire accepter par les masses, surtout lorsque ce principe, tout en donnant satisfaction au plus grand nombre, porte momentanément atteinte à des intérêts légitimement et légalement acquis.

En présence de ces intérêts froissés et de ceux qui représentent une imposante majorité, nous n'avons pas hésité à écrire le résultat de notre étude. Nous avons été guidé dans ce travail par une idée d'amélioration et d'utilité générales. Notre conscience nous pose aujourd'hui ce dilemme : ou nous avons cherché sans trouver, et notre excuse est dans notre bonne foi : personne ne s'engagera dans le sentier que nous avons suivi ; ou bien nos recherches auront abouti à ouvrir le sillon qui doit féconder l'agriculture, et dans ce cas notre plus belle récompense se trouvera dans le bien que nous aurons procuré à nos concitoyens.

9 782329 261966